Jesús en los Bares

DAVID DE LAGO PANADERO

Ilustración: MIGUEL BORHAM

Autor: David de Lago Panadero
Twitter: @Daviddelago
ISBN:978-84-09-19208-3
Comunidad Cristiana Evangélica Decisión
Calle Mequinenza 20 Madrid 28022 España
decision.plus

Ilustración: Miguel Borham
miguelborham.com
Instagram: koalas_i

Para mi preciosa mujer Estefany Sánchez Blake,
mi hija Chloe y mi hijo Leví.
A mis padres José M. de Lago y Paquita Panadero.
Y para mis inigualables hermanos José, Lidia,
Abraham e Israel. Gracias por apoyarme en todo.

Índice

Introducción

INTRODUCCIÓN

En este libro descubrirás algo que siempre me ha llamado la atención, y creo que pocos libros se han hecho eco de esta realidad que encontramos dentro de nuestras iglesias. Tengo la sensación de que algunos cristianos nos tapamos un ojo y sólo vemos el cincuenta por ciento de lo que en realidad tendríamos que ver. Realmente, no sé lo que esperas de este libro, mi intención es traer luz a esa realidad que ahora mismo creo que la iglesia en España, quizá, está dejando de lado. No creas que voy de sabelotodo, pero me gustaría aportar mi granito de arena a este tema del bar y la iglesia.

Mi nombre es David, soy de Leganés, el hijo de la Paqui y el Jose. Casado con Estefany y padre de dos preciosidades. Soy sufridor del Atlético de Madrid y fan de John Mayer. Intento ser frecuentador de muchos bares de España y sus pueblos. No voy a los bares para emborracharme, voy para socializar con mis amigos creyentes y no creyentes. Y de esto va el libro, de ser "muy españoles y mucho españoles" como dirán por ahí. Necesitamos españolizar la iglesia y todo puede empezar en un buen bar.

Una de las mayores bendiciones de mi vida fue dedicar más de 4 años al liderazgo con jóvenes en varias iglesias. En esos más de cuatro años era muy palpable que a los jóvenes de mi iglesia les costaba evangelizar, no sabían. En el equipo de liderazgo del que era parte, nuestros objetivos estaban claros. Primero, discipular a los jóvenes y guiarlos espiritualmente. Y segundo, motivarles a evangelizar a sus amigos e invitarlos a las reuniones de jóvenes. Por eso, me enfoco en este libro en salir de las iglesias e ir a evangelizar.

Tristemente es una de las mayores necesidades que tenemos. Mis preguntas son, ¿No crees que necesitemos algún cambio en la iglesia española? ¿Hay cosas que estamos haciendo mal a la hora de conectar y crear relaciones en la iglesia? ¿En qué nos estamos centrando? ¿De qué nos estamos olvidando?

Hay muchas preguntas que, seguramente, pastores, evangelistas, diáconos o ancianos se estarán haciendo, igual que tú ahora te estarás preguntando de qué va el título de este libro. ¿Por qué Jesús tiene que estar en los bares? Quiero dejar claro que Jesús tiene que estar presente en cualquier sitio donde estés, el bar, sin ninguna duda, es una opción más, que es donde me he querido enfocar en este libro. Te animo a que veas cada capítulo con mucha energía, parándote en cada renglón que vaya a suponer un choque de trenes, observando cada domingo y cada semana a Jesús dentro y fuera de los bares. Sé valiente y entra a tomarte algo en un bar sin ningún prejuicio y observa a toda persona que seguramente asiste regularmente al bar. Ir de vez en cuando al bar no es malo. En estos tiempos de crisis, los bares en España están llenos, domingo tras domingo no hay persona que falte a tomarse su caña o refresco de rigor y estar con los amigos y familiares.

No sé cuánto vas a tardar en leer el libro, pero te pido una cosa, que cuando pases por delante de un bar mires que tipo de persona entra en un bar o se sienta en una terraza, y verás que hay mucha gente que necesita tomarse algo con Jesús, y eso el bar no lo pone, lo pones tú.

¡Una Caña! Por Favor

CAPÍTULO 1
¡UNA CAÑA! POR FAVOR

Seguramente, no soy el único que ha dicho la frase, *¡una caña por favor!*, algún día de su vida al entrar a un bar, o al ir con sus amigos se ha pedido varias, con alguna tapa de acompañamiento. ¡Me la juego! Unas bravas, o una de chipirones…Qué grandes momentos he pasado yo en mi vida junto a una caña y un plato de bravas y otro de calamares.

Recuerdo un día con mi familia dentro de un bar, donde por cada consumición que te pides te dan un plato abundante de marisco. Nos pasamos toda la mañana en ese bar, tomándonos tapas y una caña, degustando algún buen queso que nos ofrecían, y pasando un buen tiempo en el que conversamos, nos abrazamos, nos reímos, nos preocupamos unos por otros, nos motivamos, nos dimos esperanza, y después nos fuimos cada uno a nuestra casa. El gran sabor de boca que me dejó esa mañana me motivó y me hizo feliz. Pudimos adentrarnos más en las vidas de nuestros allegados y conocer todas esas preocupaciones que en una conversación de comida familiar no tendríamos.

No deseaba irme, al contrario, sólo quería quedarme y pasarlo bien hablando con ellos. Sentí que nunca habíamos tenido conversaciones tan profundas en mucho tiempo. En otra ocasión, estábamos mis hermanos y un amigo de la iglesia tomando algo en un bar de Leganés, que es el barrio donde me crie. Mi hermano pequeño es un relaciones públicas desde que nació, te puede vender un abrigo polar en el desierto del Sahara a cuarenta grados, y te aseguro que te lo vende porque te ha hecho ver que, sin ese abrigo, estás perdido.

Se llama Israel y él me demostró, en ese rato que estuvimos tomando algo y hablando, la manera más increíble de relacionarse con la gente. Tomándose una caña. Mi hermano conocía a toda persona que entraba en ese bar, no paraba de saludar gente y de presentarnos amigos. Al ver que no paraba de saludar a muchos le pregunté ¿de qué los conoces? Él, en un giro de cabeza rápido sin perder tiempo para saludar a otras personas, me dijo, "de estar aquí David..." Parecía tan evidente para él; para mí era una explosión mental, una persona que pasa un par de horas sólo un viernes a la semana en un bar, tiene una capacidad de conocer a gente y sobre todo de conocer a las personas que regentan el bar.

Los españoles tenemos algo que no sé de dónde lo hemos sacado, cuando tenemos una caña y estamos en una barra o en una mesa de un bar, nos abrimos totalmente a la otra persona y podemos entablar cualquier conversación de una manera muy natural.

El primer paso que se debe dar, es, entrar donde están la gran mayoría de los españoles los viernes, sábados y domingos, el BAR. Te reto a que cuando salgas de la iglesia un domingo cualquiera, entres a un bar a la hora que termine el culto, te pidas algo y te pongas a observar la gran variedad de estilos de personas que están tomándose algo en ese bar y verás que no están solos, que están con sus amigos teniendo conversaciones serias, divertidas, del momento deportivo que hay ahora, de las preocupaciones en cuanto a la crisis, de política, e incluso de religión.

El gran paso de entrar a un bar para muchos cristianos puede ser difícil por el tipo de personas que a veces entra, o porque no estamos acostumbrados a visitar esos sitios. Pero quiero que entiendas bien mi reflexión, no creas que estoy haciendo una apología de ir al bar y dejar la iglesia. Para nada esa es mi intención.

Quiero que lo entiendas de una manera sencilla. Con dos preguntas, ¿Dónde están los españoles? ¿Dónde estaría Jesús?   Cuántas veces he ido a tomar algo al bar de la esquina y no me he dado cuenta de lo importante que son esos sitios para las personas de a pie. Para muchos es como ir a la iglesia los domingos, es algo tan habitual en sus vidas que lo hacen instintivamente. Los pastores de los españoles son los dueños de los bares.

Hace un tiempo en una reunión familiar de un fin de semana, fuimos el domingo a la iglesia del pueblo donde pasamos el fin de semana, pero dentro de nuestra familia hay personas que no son creyentes y no fueron a la iglesia. Y lo que hicieron, fue ir al bar mientras nosotros estábamos en la iglesia. Después del culto nos fuimos con ellos al bar donde estaban, que, por cierto, estaba a reventar. Pasamos una buena mañana tomando algo y estando todos juntos después de la iglesia.

Sigo la vida de Jesús por los evangelios y veo que Jesús pasaba tiempo en las sinagogas enseñando, pero también invertía tiempo donde estaba todo el mundo querido y no tan querido, y allí era donde él podía alcanzar a esas personas.

Cuántas personas necesitadas van cada día a un bar a huir de sus desastres personales, o de problemas familiares, a buscar un rato de soledad en un momento de amargura. ¿Te das cuenta del valor que tiene ir al bar de vez en cuando? Entras, te pides algo y te sientas al lado de una persona, te das cuenta que está pasando por una situación en la que la única salida y solución a su problema es Cristo, y presentas el evangelio.

Lo que puede cambiar la vida de una persona así, al ver que hay otra persona que comparte un tiempo con él, y está dispuesto a orar por esa persona y ayudarla a superar ese bache que la vida muchas veces nos da a todos.

¿Cómo puedo dar el primer paso?

Sé valiente, sin miedo, decidido, sabiendo que no vas o vais solos, que Jesús mismo estará acompañándote junto con el Espíritu Santo, si eres tímido ve acompañado de un buen hermano en la fe. Pedíos algo y hablad de un tema que esté en común con esa persona y desarróllalo con normalidad, e intentad pasar un buen rato.

El primer paso puede ser sólo una buena toma de contacto y empezar una relación de amistad en un bar donde esa persona asista regularmente. El paso de pedir alguna bebida y entablar una buena conversación es algo muy importante. Siempre que vayas y te atrevas a ir a un bar con el deseo de compartir tu fe, sería genial que ores, que pongas ese tiempo en las manos de Dios y que él te ayude en ese tiempo.

El evangelio también tiene poder en los bares. Un buen amigo mío decidió seguir a Jesús con una caña en la mano, mientras leía la parábola del hijo pródigo en el móvil con mi hermano Israel, sentados en la barra del bar. Por esta razón me lancé a escribir este libro.

Seguramente esto no es nuevo para ti y puede que hayas predicado el evangelio a tus amigos en bares muchas veces. Si es así, te animo a que sigas haciéndolo, con nuevos y viejos amigos sin miedo al qué dirán. Sé valiente, sé normal, sé tú, entra en el bar y di:

¡Una caña! por favor...

...que sea sin.

CAPÍTULO 2
UNA CERVEZA SIN

Muchas veces, mi suegro me cuenta la misma anécdota cuando va con un invitado norteamericano a un bar de España y se toma una cerveza sin alcohol. Me dice; Mira David, como yo sé que a muchos americanos no les parece bien beber alcohol, si tenemos confianza, le hago esta broma. Agarro mi botellín donde pone cerveza sin, les señalo el SIN y les sonrío. (*sin* en inglés significa pecado) De ahí la gran broma de mi suegro con sus amigos americanos.

No me malinterpretes, no me río de las personas que piensan que beber alcohol es pecado, ni tampoco quiero ofenderlas. Pero creo que es un punto clave que todo misionero, pastor, y extranjero debe saber "que en el ADN del español, debe correr un poco de alcohol..." Esta claro que con un límite.

Veamos que nos dice la Biblia.

Levítico 10:9 "No beberéis vino ni licor, tú ni tus hijos contigo, cuando entréis en la tienda de reunión, para que no muráis. (es estatuto perpetuo por todas vuestras generaciones)"

Números 6: 3 y 20 "Se abstendrá de vino y licor; no beberá vinagre, ya sea de vino o de licor, tampoco beberá ningún jugo de uva, ni comerá uvas frescas ni secas"

Proverbios 31: 4 y 5 "No es para los reyes, oh Lemuel, no es para los re yes beber vino, ni para los gobernantes desear bebida fuerte;"

Isaías 28:7 "También estos se tambalean por el vino y dan tras pies por el licor: el sacerdote y el profeta por el licor se tambalean, están ofuscados por el vino, por el licor dan traspiés; vacilan en sus visiones, titubean al pronunciar juicio."

Jeremías 35:5,6 "Entonces puse delante de los hombres de la casa de los recabitas jarras llenas de vino y tazas, y les dije: Bebed vino."

Ezequiel 44:21 "Ningún sacerdote beberá vino cuando entre al atrio interior."

*Lucas 1:15 "Porque él será grande delante del Señor; no beberá ni vino ni licor, y será lleno del Espíritu Santo aun desde el vientre de su madre."
(Juan el bautista)*

Efesios 5:18 "Y no os embriaguéis con vino, en lo cual hay disolución, sino sed llenos del Espíritu."

1 Timoteo 3:3 "no dado a la bebida, no pendenciero, sino amable, no contencioso, no avaricioso."

1 Timoteo 5:23 "Ya no bebas agua sola, sino usa un poco de vino por causa de tu estómago y de tus frecuentes enfermedades."

Tito 1:7 "Porque el obispo debe ser irreprensible como administrador de Dios, no obstinado, no iracundo, no dado a la bebida, no pendenciero, no amante de ganancias deshonestas."

Juan 2:10 "y le dijo: Siempre se sirve primero el mejor vino, y luego, cuando ya los invitados han bebido bastante, se sirve el vino corriente. Tú, en cambio, has dejado el mejor vino para el final."

Hay bastantes versículos que mencionan el alcohol, me estoy saltando muchos. La verdad que cada uno de estos versículos tienen un contexto especial, van dirigidos específicamente a gente del tiempo en el que estaban destinados, posiciones en la iglesia y el templo. Y cómo no, para los cristianos de a pie como nosotros. Parece ser un tema muy importante a tener en cuenta, pues la Biblia en muchos versículos menciona el alcohol y su debido uso.

Yo, en mi juventud, he sido un poco bocazas y no me callaba nada. Cuando veía algo que no me gustaba y que estaba desacorde con la vida de un cristiano, decía todo lo que pensaba, sin ningún miramiento y sin ninguna meditación.

Pasó que un martes, estábamos los líderes de un grupo de jóvenes en una reunión para solucionar un problema, que yo había escuchado lo que sucedió en una fiesta con parte del grupo de liderazgo. Cuando empecé a poner en tela de juicio a estas personas, comenzó una gran discusión por el tema, y por cómo me lo estaba tomando. En el momento más álgido de la "conversación" entró el pastor de la iglesia, y nos callamos todos. Él nos dijo que continuáramos hasta que acabásemos.

Cuando terminamos nuestra "conversación" el pastor ya sabía de qué iba el tema. Y me señaló a mí y me dijo: "David, no tienes tanta razón como dices que tienes" y a las otras personas también les dijo exactamente lo mismo que me dijo a mí.

Te estarás preguntando por qué te cuento esto. Pues va muy de la mano con el tema del alcohol en la comunidad cristiana. La Biblia habla de un uso responsable que el cristiano debe tener cuando toma alcohol. Pero también nos habla que si un hermano cree que es pecado algo que para ti es evidente que la Biblia deja claro que no es, no lo hagas delante de él porque estarás pecando contra Dios mismo al hacer caer a los hermanos débiles en la fe.

Para entender bien lo que estoy diciendo, lee 1ª Corintios 8. Juan el bautista y Jesús eran muy diferentes, a Juan lo tachaban como el que no iba a beber alcohol y por lo que sabemos no era muy dado a ir a fiestas, y Jesús, todos sabemos que él si bebía vino, no mosto, iba a fiestas y seguramente se lo pasaba muy bien. Una fiesta sin vino no era una fiesta para él. En Juan capítulo 2 encontramos a Jesús convirtiendo el agua en vino.

Exactamente en el versículo 10 se ve como el vino de Jesús era el mejor. Convertir el agua en vino, supuso que los discípulos creyesen en el, versículo 11. Tenemos ese tipo de relaciones con personas en la iglesia. Somos muy diferentes, interpretamos la Biblia por temas que son de un alcance teológico intrascendente y nos peleamos a muerte con nuestros hermanos que hasta casi ni les hablamos y que incluso les ponemos verdes a sus espaldas. Ejemplo, tema de lenguas, cómo vestir, si poner o no poner focos en la iglesia, himnos o no en el culto, etc.

Unos sin y otros con, pero todos dependemos de la unión que tenga la iglesia y del amor que transmitamos. Unidad que se representa en los primeros escritos sobre la iglesia, una iglesia con un mismo fin, con un mismo llamado, sabiendo que es imperfecta alcanzando imperfectos, pero que están unidos. Hechos 2:44 - 47. Palabras claves que nos ayudan a entender que trae la unidad: unánimes, juntos, alegres, sencillos de corazón, alabando a Dios, favor con todo el pueblo… ¿Quizá se dejaron los prejuicios de lado y vieron qué era lo importante?

Algunos versículos antes mencionados hablan a personas que lo utilizaban mal y sobrepasaban el límite del disfrute del alcohol hasta perder el sentido. Pero por ninguna parte podemos decir que la Biblia prohíbe categóricamente el alcohol. Este tema tiene matices muy interesantes que se lo dejo a grandes teólogos que creo que pueden darte una respuesta muy buena y edificante para tu vida. Porque no quiero crear una discusión. Pero creo que es necesario saber que tiene que haber un equilibrio entre el sí y el no.

En mi etapa de estudiante en Southwestern Baptist Theological Seminary no había discusión en cuanto al tema de beber alcohol. En cambio, en otros seminarios como Dallas Theological Seminary se estuvo debatiendo si cambiar la política de beber alcohol o no, dentro y fuera del campus. Todavía sigue siendo un tema a tratar alrededor del mundo.

Estamos llamados a amar a las personas de nuestro alrededor y, cómo no, a las personas de nuestra iglesia. Sabiendo que somos diferentes pero que nos une el amor de Cristo.

Sin ninguna duda, me encanta comer queso manchego acompañado de una buena copa de vino. Me encanta ir a comer con mis amigos y de vez en cuando beber un poco de vino. El alcohol relaja al ser humano, y lo pone contento, un poco más sensible. Un informe de la OCDE muestra que España tiene una de las tasas más altas de consumo de alcohol entre jóvenes, (séptimos en la lista mundial) y entre los adultos estamos por encima de la media.

1ª Corintios 5:11 pone por igual a un idólatra, a un estafador, a un inmoral, a un avaro, que una persona borracha. No habla de personas que no son hermanos, si no que habla de personas que dicen que son seguidores de Cristo. Un capítulo después en el 6:9-11 dice que los borrachos no heredarán el reino de Dios, y los iguala con una multitud de pecados.

Efesios 5:18, nos habla de no embriagarnos con vino. Etc.

No encontramos ningún versículo en la Biblia en contra del alcohol, pero si en contra del estado de embriaguez o borrachera, que es justo cuando te has pasado del límite. No es lo mismo beber una copa de vino para disfrutar de una comida, que beberte una botella y perder el sentido. Tenemos que ser serios en esto, tenemos que ser maduros ante el alcohol, la Biblia no aprueba estar BORRACHO, pero no desaprueba el que bebamos alcohol.

Siempre que estudiamos la Biblia tenemos que entender el contexto, ¿Verdad? En el tema de los bares, el alcohol y España debemos tener la misma mirada.

La cultura mediterránea no es la misma que la norteamericana o sudamericana. Igual que el concepto del Bar. El ir al bar en España y casi en toda la cultura mediterránea tiene la connotación. buena de socializar, de pasar un tiempo de hablar y conectar con la otra persona o personas. Cuando he quedado con amigos para saber cómo estaban, he quedado a tomar una caña, como un español normal y corriente.

El beber alcohol en culturas como la española, italiana, judía, es sinónimo de disfrute con los demás y de celebración, no de perder el control.

Una frase que me dice muchas veces mi padre.

"El vino alegra el corazón y...

... si no, tómate un mosto"

(1) Health at a Glance, OECD Indicators 2013. Ver link para más información.
Pág. 47 https://cdn.20m.es/adj/2013/11/24/2517.pdf?v=20131124152721

CAPÍTULO 3
BAR "LA IGLESIA"

Una persona que ha sido un gran referente y que sigue siendo una ayuda en mi fe, es mi padre. Cuando era pequeño jugaba todos los sábados al fútbol después de una semana entrenando, pero también mis hermanos eran deportistas (algunos más que otros). Pobre de mi padre, qué palizas se pegaba todos los sábados con sus tres hijos pequeños llevándonos de un lado a otro, cuidándonos, animándonos, siendo ejemplar en todo momento. Mi equipo de fútbol "El Entrepeñas de Leganés" tenía un bar como sede, siempre después de terminar el partido, fuese donde fuese, nos invitaban a los jugadores a tomar un refresco y a tomar una tortilla.

¡Qué tortilla!

Mientras todos los niños nos zampábamos la tortilla como si nunca hubiéramos comido y después nos íbamos a la calle a jugar, los padres se quedaban tomando algo y hablando. Siempre se lo pasaban muy bien. El Jose hizo lazos de amistad que serán para toda la vida. Aconsejó a personas en ese bar, rió mucho en ese bar, escuchó al otro mucho en ese bar, compartió de Jesús a todas las personas de ese bar, dio gracias a Dios en ese bar, seguramente, si le recuerdo esos momentos a mi padre dentro de ese bar, le sacaré una sonrisa y me dirá "que buenos tiempos fueron esos" y alguna lagrimilla le vería también.

Qué importante es pasar tiempo con las personas. Qué importante es escuchar a los demás. Qué importante es hablar mientras se toma un refresco o un botellín o una caña. Qué importante es cada individuo para Cristo. Qué importante tiene que ser para nosotros estar donde está la gente.

Donde está la gente

¿Por qué no podemos hacer vida de iglesia dentro de un bar? ¿Por qué siempre bajamos el tono de voz cuando vamos a orar en un restaurante? No estamos en la dictadura o siendo perseguidos. Y, ¡la vergüenza que nos da leer la Biblia en el bar! Lo dice uno que cuando han orado por la comida en un bar, ha disimulado mirando el móvil como si no tuviera que ver nada conmigo, o que abre los ojos y está moviendo la comida del plato. Esto ya lo he mejorado, aunque, he de decir, que, a veces, me siento tentado a no orar en un bar y empezar a comer para evitar el momento incómodo por si viene el camarero con lo que habíamos pedido ¿a qué te ha pasado? Orar antes de comer en un restaurante o en un bar o donde sea, es un testimonio precioso de lo agradecidos que estamos a Dios.

Tengo un amigo que siempre aprovecha la oración antes de la comida para preguntar al camarero por una necesidad y le dice que vamos a orar por él o ella. Es sorprendente la cantidad de oportunidades de testimonio que nace de esa pregunta.

Llevemos la iglesia al bar. ¿Que llevemos la iglesia al bar? Es verdad, no, lleva mejor a Jesús, que los problemas de la iglesia son mejor no llevarlos ahí. Suena de locos, pero ¿por qué no? En sí ¿quién es Jesús? Somos personas que creemos en Cristo y que debemos llevar el mensaje de salvación donde sea. ¡Qué bonito es hacer un estudio con una bebida y su buena tapa! Y pasar un buen tiempo hablando de nuestro Maestro. Posiblemente haya oídos que estén más pendientes de la conversación de tu mesa, que al sonido de la televisión o de otras conversaciones.

El poder de la palabra es muy grande. Si algo puede distinguir a un español de otras personas del mundo, es que muchas veces, hablamos por los codos y hablamos de todo, tenemos opinión para todo, aunque no tengamos ni idea. El bar es un sitio donde se habla de todo, sin tapujos.

Hace tiempo estaba con un buen grupo de jóvenes en una campaña evangelística con Decisión en un pueblo del sur de España. En nuestro tiempo libre, que no era mucho, salíamos a tomarnos los platos típicos del sur acompañados de una caña o de un refresco. En esos bares muchas veces nos encontrábamos a personas con las que ya habíamos hablado, invitado a venir a las actividades, o que solamente nos habían visto con la camiseta que nos identificaba como los cristianos que estábamos realizando actividades en el pueblo. Era una sensación bastante gratificante que nos conocieran por nuestras caras también, y que no solo fuera una persona, si no que fueran muchas. Eso significaba que estábamos conectando con un gran número del pueblo. Pero ¿os podéis imaginar dónde hacían la parada de rigor muchos?

En el Bar

Me viene una imagen perfecta de una mujer con su acento andaluz, tomándose una caña con su amiga, fumando un cigarrillo, con las bolsas de la compra en la silla de al lado y gritando en medio del Bar; "¡José! Mira estos son los chicos de los que te hablé ayer. Lo jóvenes cristianos que están haciendo actividades en todos lados y que no te puedes librar de ellos". José era el camarero que servía en la barra y que además era el dueño del bar. José se sonrió y nos dijo con un tono alto y con mucho respeto: "a ver, vosotros, ¿en qué creéis?"

Tuvimos una gran oportunidad de predicarle y de dar testimonio en todo el bar. Parece ser que estábamos en la boca de muchas personas que iban al bar. Seguramente con comentarios buenos y no tan buenos. Pero estábamos en la boca de las personas del pueblo y dentro de los bares, que es donde se comentan todas las cosas que suceden. El twitter de antaño, el bar del pueblo.

Otra situación que me pasó en el mismo pueblo fue un poco extraña. Íbamos un buen grupo por la calle, y yo era el único que llevaba la camiseta de la campaña. Estábamos en una calle concurrida de gente y de coches, y un hombre, desde la otra acera, me grita, ¡Chaval! ¡Ven *pa´ca*! La verdad es que me sorprendió, un hombre con pelo blanco, bigote, delgado y que se acerca muy rápido a mí sin quitarme la mirada. Claro, todos nos paramos sorprendidos. Creí que me iba a pegar o algo, pero en cuanto estaba a metro y medio de distancia me dice; ¿Quién es ese Jesús del que tanto habláis? Que no paro de escuchar a gente hablando de vosotros. ¿Dónde piensas que escuchó esa gente?

El ser humano y, sobre todo, el ser humano español, habla de todo y lo comenta todo. Nuestro objetivo se estaba cumpliendo, la gente hablaba de Jesús en la calle y en los bares.

También recuerdo que todos los lunes un grupo de chicos de mi iglesia, quedaban para ir al Burger King y hacer allí, el refugio (un grupo de hogar) para hablar de Dios, leer la Biblia, comer patatas, hamburguesas, rellenar su vaso de refresco y orar al final. Empecé a reunirme con ellos en un piso que había cerca de la iglesia, y de vez en cuando pasaban algunos a comprar hamburguesas al mismo Burger que antes solían ir los lunes, pero por tema de que no se pueden permitir el lujo de gastar siempre, se tuvieron que cambiar al "pisho" (Lo llaman así EL PISHO, todavía no sé porque). Los dependientes les preguntan que porqué ya no están allí los lunes haciendo el refugio, que echan de menos al grupo de jóvenes que leía la Biblia en su restaurante. ¡Qué buen testimonio!

Un buen ejemplo de hace mucho tiempo son los autores C.S. Lewis y Tolkien juntándose en un pub a discutir sobre Biblia y sobre sus temas. Parece sano ¿no crees?

Es importante de hacer vida de iglesia en los sitios donde no es lo normal. Desata un interés en las vidas de aquellos que observan. Quizás nunca en su vida han entrado a una iglesia un domingo y el ver que ser cristiano es algo normal, que es algo cercano, crea esa inquietud y, sin ninguna duda, al hacer vida de iglesia dentro del bar, acercamos a Jesús a sus vidas.

Con una mirada autocrítica, creo que hemos puesto mucho esfuerzo en hacer programas que entretengan a nuestros feligreses y que están lejos de acercarse a la gente de a pie. Nuestros programas tienen que estar con los ojos puestos en ellos, en la gente de afuera de las iglesias. Acerquemos la iglesia a la calle, a los parques, a los bares, a los campos de fútbol, a los restaurantes, a los centros comerciales, a las plazas, a las terrazas, a las playas, a las montañas, etc. Que es donde están los españoles cuando nosotros nos juntamos en la iglesia.

¡Vale ya de no juntarnos con la gente de la calle!

El aislamiento es uno de los mayores problemas de los creyentes. Los expertos dicen que un nuevo creyente ha perdido todas sus relaciones significativas con amigos no creyentes en dos años, porque la iglesia absorbe su tiempo. (2) Sean dos años o más o menos, es una realidad que tristemente está golpeando a nuestra generación. Este es un problema clave para la misión y debemos solucionarlo.

Si algo nos enseñó Jesús fue a estar en la calle, donde estén las personas. Y si queremos alcanzar españoles... hagámoslo a la española.

(2) Strobel, Lee, Inside the mind of unchurched Harry and Mary [Cómo piensan los incrédulos que tanto quiero], Vida Publishers, United States, 2006, p. 17.

Cita original. Aldrich, Joseph C., Life-Style Evangelismo [Evangelismo mediante el estilo de vida], Multnomah, Portland, OR, 1981, p.19

Camarero…

CAPÍTULO 4
¡UNA DE BRAVAS!

¡Te vas a quemar la boca! Eso es lo que siempre me decía mi madre cuando el camarero ponía las patatas bravas en la mesa y mis hermanos, junto con mi padre, atacábamos el plato como unos muertos de hambre. Siempre nos teníamos que esperar a meternos esa patata caliente en la boca, pero teníamos algunas opciones. O bañar esa patata ardiendo con un poco de salsa brava en la salsa alioli, que siempre las acompaña para suavizarlas para aquellos que no son tan amigos del picante, o podíamos soplar la patata dejándonos el pulmón en ello.

A veces nuestro lenguaje "evangélico" es como esa patata ardiendo, con salsa brava, que no hay quien pueda metérsela en la boca. Solemos utilizar un lenguaje que no hay quien lo pueda soportar, de tan santo, de tan evangélico, de tan superior que es, de tan poco español.

Está claro que yo también cometo ese gran error y, de hecho, creo que la gran mayoría lo comete o lo ha cometido en su vida de cristiano. Gracias a Dios hay ministerios que se encargan de adaptar el lenguaje de la Biblia a cada generación haciendo grandes esfuerzos y creo que por ahora lo estamos consiguiendo. Pero ¿porqué cuando hablamos hay palabras que no suenan tan bien para la gente de la calle?

La verdad es que no lo sé, en ocasiones si nos llaman sectarios posiblemente nuestro lenguaje haya tenido algo que ver. A los que hemos crecido en un ambiente cristiano y de iglesia toda la vida, nos cuesta horrores sacar ese lenguaje de nosotros cuando hablamos con las personas de cualquier edad.

Jesús cuando habló a las personas de su generación, utilizó un lenguaje que adaptó al público para que todos entendieran. Mojó su patata brava en la salsa alioli, que a todo el mundo le encanta, pero sigue siendo la misma patata.

No pienses que estoy diciendo que tenemos que suavizar el mensaje del evangelio. Para nada, el mensaje tiene que ser el evangelio y no tiene que ser cambiado, pero sí hay que expresarlo con un lenguaje más actual o más de calle para que sea entendible.

Las nuevas generaciones no han nacido en una cultura que esté a favor de Dios, sino todo lo contrario, el lenguaje de la iglesia católica les hace daño a los oídos y ni qué contar del evangélico que, a pesar de lo que podamos pensar, es muy parecido al católico.

Pensemos juntos, tenemos que hacer una crítica del lenguaje que utilizamos para ser más efectivos. Sí, el Espíritu Santo es el que hace la obra y el que hace que nosotros seamos efectivos, pero eso no implica que parezcamos monjas de clausura cuando hablamos y que espantemos a la gente cuando hablamos encima de un escenario, una caja o estemos en la acera.

Pudiera ser que hemos pasado mucho tiempo dentro de nuestra burbuja evangélica haciendo muchas actividades y que el lenguaje "evangélico" se nos haya colado.

Deberíamos probar en salir y dejarnos contagiar con el lenguaje de la calle (SIN PALABROTAS O PARECIDOS), con su humor (SANO), e influenciar con la sal y la luz a la gente de la calle.

Una mañana soleada estábamos un buen amigo y un familiar en un bar por Madrid, tuvimos una conversación muy interesante acerca de los cristianos, la homosexualidad y otros temas. Mi familiar no es creyente, y él nos achacó varias veces nuestro lenguaje. Nos dijo, "es que como soy 'del mundo', aquel que tanto mencionáis... Parece que no vivís en él cuando decís aquello del 'mundo'".

La verdad, para mí esa frase fue un golpe duro, ya que creó un muro entre él y yo. Le dio la sensación de que me estaba posicionando por encima de él.

Nuestras Biblias dice "mundo" y es verdad, cuando aceptamos a Jesús pertenecemos al reino de los cielos. Pero, y si nos ponemos en su lugar por un momento, creo que tiene toda la soberana razón de no querer saber nada de lo que yo pienso, pues para él esa palabra es como la patata ardiente con salsa brava recién puesta en la mesa. No se la puede meter ni en la boca. Ya ves que no soy diferente y que todo lo que estoy intentando pensar contigo es una reflexión que hago para mí mismo también.

¿Cuáles son las claves para que nuestro lenguaje sea como esa patata con salsa alioli? La verdad es que no tengo la solución, pues se habla diferente en el sur y el norte, en el este y el oeste. Hay que ser sabios cuando tengamos una conversación con otra persona y salga el tema de Dios. La única manera a veces es soplando la patata un rato, o sea, que pensemos qué palabra de la calle sería lo más cercano a esa palabra de nuestro lenguaje evangélico. O mejor pensado, ¿qué tal si lo mejor es que las patatas las sirvamos directamente a una temperatura adecuada? Salimos de nuestras cuatro paredes y nos contextualizamos un poco. Nos ayudará a hablar de Dios sin sonar como un marciano. Creo que no tenemos que dar por sentado que todo lo que decimos se va a entender. Por ejemplo, la palabra "gracia" para un creyente puede tener sentido en varias direcciones, la gracia de Dios o la gracia de gracioso u otros significados. Pero la gente que no sabe de Dios lo va a relacionar directamente a algo cómico o de gratitud.

Yendo más profundo incluso en nuestras iglesias podemos usar términos que hasta nuestros propios miembros de la iglesia ni entienden. Podrías hacer una prueba en tu iglesia y preguntar el significado de algún término que para ti es muy común como Aleluya, Adonaí, etc. Seguramente te encuentres con personas que no sepan lo que significa eso y lo estén cantando domingo tras domingo en la alabanza. Pues imagínate eso añadido a evangelizar en la calle.

¡Un cacao mental, por favor!

Posiblemente lo mejor sea que erremos en el intento de adaptar nuestro lenguaje para ser entendidos a que no lo intentemos y sonemos como extraterrestres. Antes de salir piensa de qué manera pueden entenderte mejor tus amigos cuando hablas del evangelio. Verás que habrá cambios.

Pásame el...

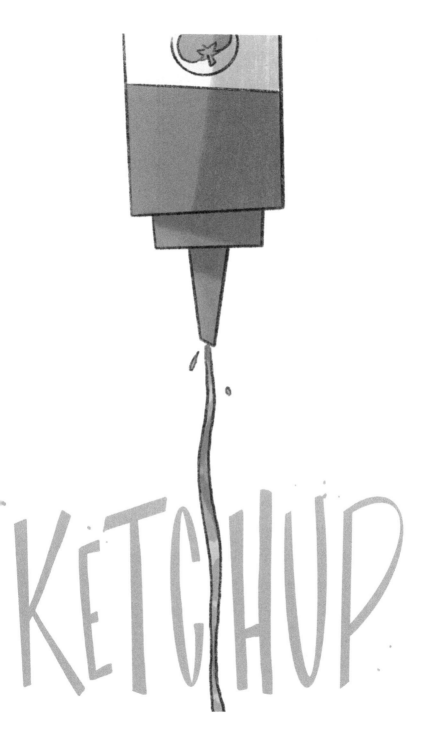

CAPÍTULO 5
KÉTCHUP

En todos los bares, en todas las casas, en todas las barbacoas, en todas las tiendas, abunda el KÉTCHUP. Esa salsa necesaria a veces para dar más sabor a una hamburguesa, o para bañar nuestras patatas fritas. Es una salsa que nunca está de más, siempre es necesaria cuando hay carne.

Cómo no olvidarnos también de que en todo tipo de películas cuando vemos a alguien sangrar pensamos o tenemos el dicho de que es "Kétchup". Vamos, que estamos rodeados totalmente por una salsa roja que lleva conviviendo con el ser humano más de cien años, teniendo origen en una salsa picante de China, que luego los ingleses exportaron al mundo occidental suavizándola y llevándola a los Estados Unidos de América donde empezaron a comercializarla y a difundirla por todo el mundo.

A alguien le encantó tanto esta salsa que no pudo resistir la tentación de expandirla por todo el mundo.

No quiero pasar por alto al Kétchup, como símbolo de aquello que significa tanto para mí y que a lo mejor tú, que lees estas líneas, no sabes qué importancia tiene la sangre derramada por Jesús en la cruz por todo el mundo.

Para que lo entendamos bien tú y yo, te voy a contar una historia friki que me ayuda bastante a recordar el significado de la Sangre de Cristo.

HISTORIA LOCA

En el año 4500 DC. Donde el ser humano convivía con los animales, todo era paz, con los restaurantes de comida rápida saludable, con un sinfín de comodidades, mega televisores de ultra definición, sofás que te llevaban a todos lados, donde el ser humano buscaba nuevas cosas e invertía mucho tiempo en la búsqueda de aquello que le hiciera dar un paso más adelante...

Un científico cometió un gran error, juntó una célula pura, con otro microorganismo que no podía juntarse entre sí y creó una gran explosión que infectó todo el aire puro. El aire se convirtió en un arma letal infectando la sangre de toda aquella generación y todas las siguientes.

Todo el mundo tenía el virus. Pasaron los años y no encontraron la cura, porque lo único que podía detener esa gran pandemia de muertes, era alguien que tuviera la sangre pura, limpia del virus. Científicos hicieron investigaciones y pruebas para que nacieran bebés con la sangre pura, pero fue imposible.

Hasta que se dio un caso, de una mujer que dio luz a un precioso bebé, que tenía la sangre pura. Nadie se podía creer que después de muchas generaciones naciera un bebé con la sangre pura, era lo que todos habían estado esperando. No tardaron en decirle a la madre que su bebé se convertiría en el salvador del mundo, que él era la única solución para erradicar el virus del mundo. Entre la alegría de esa gran noticia, el doctor se acercó con el bebé en brazos y se lo entregó a la madre que estaba súper contenta de que su hijo salvaría al mundo. Aún con la emoción, el doctor le contó las consecuencias que traería para el bebé. Un bebé recién nacido no sobreviviría a la extracción de la sangre que un humano adulto necesitaría. El humano adulto genera sangre rápido, pero el bebé no genera tan rápido. Se necesita toda la sangre del bebé, hasta la última gota, esa era la única solución.

La madre se llevó un duro golpe, tenía que decidir, si entregar a su hijo para salvar al mundo, o dejar que su hijo fuera el único superviviente de su generación. La madre entre lágrimas decidió entregar a su hijo para que todo el mundo pudiera salvarse a través de la sangre pura de su hijo. El niño murió en el momento que le extrajeron toda la sangre traspasándola a un hombre que regeneró sangre pura en su organismo y desencadenó una cadena de sangre pura, que salvó al mundo.

Esta historia nos acerca a la importancia de la sangre de Jesús. Un acto de amor, un acto que nos sana a nosotros interiormente, que nos da un futuro mejor, que nos da una esperanza, que nos regala una salvación eterna. El mayor acto de amor que uno puede hacer es dar la vida por un amigo, por un familiar, por un desconocido. Jesús así lo hizo, por eso es tan importante su sangre, porque es aquello que nos hace estar limpios ante los ojos de Dios.

¿Sabes por qué los judíos ante el faraón en Egipto pusieron sangre en las puertas?, era para que el ángel que iba a matar a los primogénitos de todas las familias no entrara en las casas que tenían la sangre del cordero puro en la puerta, siendo señal de que el sacrificio ya se hizo.

Es clave para Dios que la sangre de Jesús, el cordero, el último y mayor sacrificio, sea puesto en nuestros corazones, para que ante Dios, estemos preparados para estar con él la eternidad.

No es que estemos locos, pero sabemos que la única solución para salvarnos era que Jesús diera su sangre, hasta la última gota por nosotros. Por eso es algo esencial que tenga que estar dentro de nuestras vidas, de nuestras casas, como el Kétchup.

¿Quién no se ha tomado una buena hamburguesa casera de un bar y la ha bañado en esta deliciosa salsa? La vida tiene que ser diferente, una hamburguesa sin Kétchup no sabe igual que una con. ¡Es diferente, es necesario! Igual es con la vida, una vida sin la sangre de Cristo es igual a todas las demás. No tapemos la sangre de Cristo en la cruz cuando hablemos del evangelio. Es algo necesario y vital.

¡Jefe!

¡CAMARERO!

CAPÍTULO 6
¡CAMARERO!

Según un estudio realizado en España el treinta por ciento de los españoles que frecuentan los bares, le dejarían las llaves de su casa al camarero. (3) El poder de influencia que tiene un dueño de un buen bar en España es increíble, la cantidad de personas que conoce él solo y le conocen a él es realmente grande. Con sólo que se convierta el dueño del bar sería de un gran impacto para todas las personas del barrio donde él vive y donde el bar está situado.

Son personas muy queridas, son personas muy respetadas, son personas que hablan mucho a lo largo del día con otras personas, son personas que conocen muchos problemas que los clientes tienen.

Debemos invertir en predicar a estas personas, porque como ya dije, ellos son los pastores de muchos españoles.

Hay un refrán también que dice que todo español en su vida ha tenido que trabajar de camarero antes de morir. Es una profesión muy influyente y cercana a las personas, que ronda en confianza y en dichos, pero también podemos ver que en la Biblia se nos habla mucho de la gran profesión de ser camarero.

Todos tenemos un concepto de que para ser camarero no hay que tener estudios, solo tener ganas de trabajar y estar dispuesto a sacrificar mucho tiempo en atender las mesas, aguantar al personal, poner siempre una sonrisa, estar impecable, recibir propinas, limpiar, colocar y recoger las mesas y las sillas, estar toda la jornada de pie, ganarse a la gente, ser amable, limpiar a veces los baños, acostarse tarde, levantarse pronto, prestar atención a la gente que te habla mientras estas sirviendo un refresco, etc.

No parece que sea tan fácil y que todo el mundo pueda realizar todos esos actos que demuestran estar al servicio de los demás.

Sin irnos muy lejos de los tiempos de Jesús ¿sabías qué los discípulos fueron camareros ante más de cinco mil hombres sin contar las mujeres ni los niños? La gran enseñanza de Cristo a sus discípulos ese día fue de servicio a los demás.

Profundicemos en lo importante que es para un cristiano, realizar el trabajo de camarero, no solamente una vez en nuestra vida, sino toda la vida. Estudié en un seminario durante cuatro años de mi vida, aprendí muchas cosas, aprendí mucha teología, aprendí mucha Biblia, pero un seminario no está para enseñarte a ser camarero. Eso es una elección que tiene que salir dentro de ti. Cómo a mí me pasó.

En el período de los cuatro años del seminario aprendí tanto que a veces me creía saber más de teología que la gran mayoría de mi iglesia. Me creía superior a muchos solo por haber estudiado más.

A los dos años de seminario, (creo que bastante tarde) entendí que por mucho que supiera, si no servía a los demás no valdría para nada lo que había aprendido.

Dios me enseñó durante los dos últimos años de seminario a ser camarero. Estuve buscando trabajo y sólo encontré las puertas abiertas en un KFC (Kentucky Fried Chicken). Dios me enseñó a ser un camarero no sólo para la iglesia, sino también para las personas que no pertenecían a la iglesia. Durante una jornada laboral en el KFC yo hacía todas estas cosas: madrugar para descargar un camión lleno de alimentos, cocinar y preparar todas las máquinas que nos ayudaban a sacar la comida lo más rápido posible, volver a limpiar, atender al primer cliente con una sonrisa, servirle. Todo para darle un servicio donde se sintiese cómodo y donde disfrutase de su comida y tiempo dentro del restaurante.

He aprendido a limpiar muchas mesas, muchos suelos, muchos instrumentos de cocina, he atendido colas kilométricas los viernes, sábados y domingos, y todo con una sonrisa que se iba desgastando por el cansancio y al final, a limpiar todo el restaurante después de una larga jornada.

He llegado muchísimas noches a mi casa muy tarde cuando mi mujer estaba dormida y donde solo podía hablar con ella cuando la daba un beso de despedida y un te quiero por las mañanas pronto antes de irme a estudiar al seminario.

Dios me ha enseñado a limpiar toda una cocina asquerosa por la noche y terminar empapado de grasa, agua, harina y más cosas. Pero todo eso me ha enseñado a ser camarero para los demás, donde he podido hablar de Jesús a todos mis compañeros, a mis jefes, a clientes. Servir a los demás es un gran testimonio.

Vemos que Jesús cuando alimentaba a la muchedumbre realizando un milagro de creación, los discípulos tuvieron que llevar los alimentos hasta las últimas personas. No es fácil alimentar a más de cinco mil personas, donde no creo que la gente comiera solo un pez y un pan. Seguramente no fue una jornada de aprendizaje fácil para los discípulos y después de todo, cuando todo el mundo había terminado de comer, y de estar saciados, los discípulos tuvieron que recoger toda la comida que había sobrado y realizar un viaje duro por la noche en el mar. La Biblia nos enseña a ser camareros, con el ejemplo de la vida de Jesús. Él fue un camarero en toda regla, vino a ponerse por debajo de los demás, a juntarse con esas personas que se creían ser lo más bajo y a ponerse al igual a ellos, aunque fuera Dios. Su cercanía, su comprensión de los problemas, su amor hacia los demás, su servicio, su cuidado, su atención, sus palabras, su sonrisa, sus enseñanzas, eran parte de ser camarero. El dijo que vino a servir y no a ser servido.

A veces cuando estudiamos teología, o somos líderes, olvidamos lo más importante de todo, no estamos por encima de los demás, que tenemos que estar para ellos, que vamos a tener que madrugar, limpiar, escuchar, aguantar, recoger, sonreír cuan^d

no quieras, que vamos a tener que ser cercanos. Todo esto, sin caer en el activismo sin sentido que ha llevado a muchos a dejar el ministerio por mucho tiempo.

No podemos excusarnos en decir que no tenemos el don de servicio, porque eso es la mayor tontería que hay en el mundo. Todos, si somos seguidores de Jesús, tenemos que ser como Él fue, una persona que sirvió. O como los discípulos que no se enredaron en decir que ellos no tenían el don de servicio. Sirvieron, porque así era una manera de demostrar el amor de Cristo.

Te animo a que seas el camarero que Dios quiere que seas, aquel que es cercano a las personas, aquel al cual le confiarían la llave su casa, aquel que sirve con amor, que sirve porque ha entendido que el servir a los demás es un gran mensaje de amor hacia ¹a la sociedad. Que el ser sal y luz implica ʳ esa sed de Jesús a través de nuestras ˈervicio a los demás. ¿A quién no le cae ʰ que le atendió muy bien y que le dio un agradable servicio y conversación? Siempre estaré agradecido a Dios por enseñarme a servir a todo el mundo a través de trabajar en el KFC, Dios me enseñó grandes cosas, y cosas que nunca olvidaré. No me quiero olvidar de aquellas personas (Estéfany, José Manuel, Paquita, Israel, Lidia, Dani, José, Chope, Luna, Izan, Alba, Zeke, Elizabet, José Pablo, Jane, Emmanuel, Ofelia, Esteban, Ismael, Samuel, Roger, David, Andrés, Miguel C.(desde la ventana), Miguel Ángel P, Alicia, Javi, Toñi, Ángel, Sara, José Pablo B, Brian, Pablín, Enrique, Nahím, Marcos, etc.) que me sacaron una sonrisa por las noches largas y duras de camarero. Gracias por vuestro amor en este duro proceso de aprendizaje, nunca me olvidaré del momento en que os vi desde la barra del KFC. Y sin olvidarme de mi encargado y jefe favorito, que más me ha enseñado a servir a los demás dentro del KFC, mi hermano Abraham, la única persona que he conocido que llegaba una hora antes al trabajo por si se necesitaba ayuda, regalando su tiempo para servir y ayudar a los demás.

¡Gracias!

tre los Ciudadanos y el Bar, Coca-Cola. 2013. Ver link
ww.abc.es/sociedad/20130521/abci-habitantes-

CAPÍTULO 7
SERVILLETAS DE PAPEL

No hay cosa que me dé más rabia, que después de comerme una hamburguesa en un bar, o después de tomarme un par de tapas, haya gastado por lo menos 6 o 7 servilletas de papel, y que todavía tenga las manos un poco sucias.

Hace un par de días estaba hablando con mi preciosa mujer Estefany acerca de qué cosa le daba más rabia, cuando ella iba a un bar. Me comentó sobre aquellas servilletas que tienen la marca de una bebida serigrafiada o el nombre del bar en el que estás tomándote algo, me comentó que no limpian, de que siempre necesita muchas, y eso es algo que siempre le molesta. En cuanto me dijo lo que pensaba, me sentí tan indignado como ella. Mientras conducía iba pensando en que a veces nuestras oraciones son como esas servilletas.

Reflexionemos sobre nuestras vidas, sentadas ante la mesa del Señor y que necesitemos muchas servilletas para limpiar nuestro pecado y aun así nos sentimos que estamos sucios.

¿Por qué cuando hemos pecado y de verdad nos arrepentimos, sentimos que seguimos sucios? ¿Qué es lo que hace que sigamos pensando que estamos sucios? ¿Realmente Dios me ha perdonado o es un proceso? ¿Qué dice la Biblia? ¿Cómo puedo sentirme limpio de verdad? Demasiadas preguntas por contestar, demasiados momentos donde gastamos oraciones y nos sentimos igual. Es evidente que la oración tiene mucho poder, pero la pregunta real sería, ¿Cómo estoy orando para que me siga sintiendo mal después de orar?

La oración es muy importante para Dios. Vemos en los evangelios que Jesús no para de alzar sus oraciones ante el Padre, y si nos fijamos en el antiguo testamento, no paramos de ver la oración a Dios. Por ejemplo los salmos que son un canto precioso, lleno de teología, de historia, de vida, de poder, de alabanza, de gratitud, de amor, de rabia, de justicia, de sentimiento, de petición, son una oración elevada a Dios. Jesús en el evangelio de Lucas capítulo 11 enseña a los discípulos a orar, ¡nos enseña a orar!

Cuantas predicaciones hemos escuchado sobre la oración y su poder, de la oración que cambia, de la oración que sana, de la oración que une, de la oración que derrumba murallas... etc. Pero en sí la oración no es nada más que un mensaje a Dios, una conversación con Dios, una petición a Dios, una adoración a Dios.

El que tiene poder es Dios, la oración no tiene el poder, la oración es el medio, Dios tiene el poder, Dios no quiere oraciones largas llenas de teología, de Biblia (creo que se la sabe entera), de historias, quiere oraciones verdaderas, sinceras, que adoren, que pidan, llenas de arrepentimiento, de sonrisas, de lágrimas, no de palabras vacías.

La forma de estar conectados con Dios es la oración. ¡Qué importante es la comunicación, en el matrimonio, o en el noviazgo, o en la amistad! Pues el poder lo da Dios, las ganas y la sinceridad deben estar puestas de nuestra parte.

Traducción en lenguaje actual (TLA) Señor, enséñanos a orar, así como Juan el Bautista enseñó a sus seguidores. 2 Jesús les dijo: Cuando ustedes oren, digan:

"Padre, que todos reconozcan que tú eres el verdadero Dios."Ven y sé nuestro único rey. 3"Danos la comida que hoy necesitamos. 4"Perdona nuestros pecados, como también nosotros perdonamos a todos los que nos hacen mal. "Y cuando vengan las pruebas, no permitas que ellas nos aparten de ti." Reina-Valera 1960 (RVR1960) Padre nuestro que estás en los cielos, santificado sea tu nombre. Venga tu reino. Hágase tu voluntad, como en el cielo, así también en la tierra. 3 El pan nuestro de cada día, dánoslo hoy. 4 Y perdónanos nuestros pecados, porque también

nosotros perdonamos a todos los que nos deben.

Y no nos metas en tentación, mas líbranos del mal.

La manera que Jesús enseña la oración en este capítulo tiene una estructura clara. Adoración, petición, perdón, petición. La oración que presenta Jesús, es una enseñanza perfecta, no tengo nada que decir, ni tú, ni yo. Es el Maestro enseñando.

No quiero centrarme en su estructura, si no en el contenido de nuestras oraciones, que es algo que Jesús deja claro en los siguientes versículos. El amor del Padre que quiere dar, hay que perseverar con fe pidiendo a Dios aunque ya sepa lo que vamos a pedir, acuérdate en Lucas 22:45-46 Jesús tiene que despertar a sus discípulos para que sigan orando.

Vemos que en la oración modelo, pedimos que se haga su voluntad, pero los que tenemos que hacer su voluntad, somos nosotros, también dice que se nos perdone los pecados así como perdonamos a aquellos que nos hacen mal. Y en los versículos siguientes, se nos enseña que hay que poner ganas para orar. Creo que la oración modelo que enseña Jesús es solo el antecedente a las palabras que después nos da. La oración tiene que poseer unas palabras que acompañen el sentir del corazón, sin monotonía, que sean diferentes, que sean sinceras.

Tenemos unos amigos que vivían en el campus del Seminario de Dallas donde mi mujer estudió su máster. Sus nombres son Jeremy Koleba, Britt, Jovi, Evrest, Gus y el pequeño Witt. Quiero que conozcáis a Gus, un niño de 2 años, rubio, mofletudo, risueño, y que no para de decir que todo es suyo. Aparte de esto, no le entiendía muy bien cuando hablaba a esa edad, y creo que sus padres tampoco.

Todos los domingos íbamos juntos en su coche a la iglesia, y yo me sentaba junto a Gus que nunca olvidaba pedir el "Monkey Show" en el coche. Su coche tenía una televisión pequeñita para los asientos de atrás, y a Gus le encantaba ver la tele. Pero no paraba de pedir y pedir, ver el "Monkey Show" durante los primeros 3 minutos.

Hasta que su padre le distraía con los camiones que pasan por al lado y ya Gus nos regalaba tranquilidad y sonrisas.

A veces la oración que mandamos a Dios, es como Gus cuando pide el "Monkey Show" y cuando su padre le distrae con otra cosa, Gus se olvida. Una oración sin sentimiento verdadero no es una oración completa. Una oración que nos saca un bostezo, no es una oración que creamos que Dios va a responder. Jesús enseña en la oración que hay que poner de nuestra parte, que tenemos que querer. Lo que da el poder a la oración es que el Dios creador, Jesús el intercesor, el Espíritu Santo que acompaña nuestra oración, vean, sientan, que tu ves, crees y sientes que Dios lo va a hacer y que sientes carga por el tema que estás pidiendo a Dios. Por eso a veces nuestras oraciones son como esas servilletas que no limpian. Que están ahí, pero que te vas casi igual, o peor que antes de limpiarte las manos.

La oración tiene que ser como esa servilleta de restaurante bueno, de tela, o de buen papel, que limpia. No digo que nuestra oración nos limpie, digo que nuestra oración es el camino a la limpieza, si es una oración sincera en la que pones de tu parte.

En la oración no debes esconder nada, en la oración no te debes sentir cohibido, no te sientas obligado, no te sientas juzgado. Es un privilegio pedir a Dios y que él nos escuche. Es un privilegio orar por los demás, y también una responsabilidad. Cuando entres a un bar, para predicar, o para hablar con alguien de Jesús y su perdón, ora para que esa persona se acerque a Jesús. Nunca pares de orar

La gran clave, es orar, orar y orar, pero de verdad.

También debemos estar en los bares para orar con la gente que encontremos allí. Hablarles de que Jesús es bueno, hablar con ellos que piensan de Jesús también. De hecho, en sociedades post modernas cuando oramos por las necesidades de las personas o simplemente pedimos permiso para pedir que Dios les bendiga, entramos en una dimensión espiritual clave para que entiendan que Dios es real y cercano.

¿Qué pasa si mi actitud no es la adecuada para orar? Ahí es cuando entramos en el tema de la obediencia y la disciplina. A veces no tenemos ganas de estar orando, o simplemente de pasar tiempo con Dios. Pero Dios ve la disposición del corazón en la disciplina, en que no te apetece y luchas contigo mismo para pasar ese momento perfecto de oración con Dios, orando por personas, por momentos que vendrán, etc.

1ª Tesalonicenses 5:16 a 18 nos habla de una oración sin cesar, en toda situación dar gracias, Colosenses 4:2 nos dice que nos dediquemos a la oración y que perseveremos. Cuando habla de toda situación, se refiere a cuando no apetece, de cuando el día está torcido y no quieres hablar con nadie, ni ver a nadie, de cuando estás mal o estás bien. La perseverancia en la oración es totalmente disciplina, ser disciplinados en apartar un momento o varios a lo largo del día para orar. Luchando contra todo aquello que nos hace ser vagos y no querer tener un momento de oración con el Padre.

Dios ve al que ora y trae un sin fin de bendiciones para su vida. Mateo 6:6 y Jeremías 33:3.

Recuerda,
nunca pares de orar.

CAPÍTULO 8
LA IGLESIA FRANQUICIA

En España según veo podemos encontrar varios tipos de Iglesia franquicia, la del pasado, más o menos en los años ochenta y la de nuestro siglo. Mirémonos al ombligo un rato...

Franquicia siglo 21

Seguramente si tienes más de cincuenta años la palabra STARBUCKS te suene a guerra de las galaxias o a chino. Y si tienes menos de cuarenta seguramente hayas pisado más de una vez un local de la cadena de cafeterías modernas, incluso me la juego un poco, te habrás pedido uno de esos ricos "frappuccinos" y te pareció caro pagarlo.

He de reconocer que me gustan mucho los "frappuccinos" (cafés con hielo picado, sabor [caramelo, vainilla, fresa], coronado con nata y sirope de caramelo, servido en un vaso de plástico con una tapa redonda y su pajita verde, donde en el vaso pone tu nombre con una caligrafía propia de los médicos, o bien tu nueva identidad, o bien tu nombre como nunca te hubieras imaginado que se podía escribir), pues así son el estilo de cafés que te sirven en estas cafeterías modernas.

De hecho, ahora mismo estoy escribiendo este capítulo desde las mismísimas entrañas de un Starbucks, cerca del apartamento donde vivimos mi mujer y yo en Dallas, Texas, y también me estoy tomando un "frappuccino" de caramelo. Dame tiempo para describirte lo que veo (Seguramente si vas a un Starbucks o a una cafetería de este estilo, puede que veas lo mismo que yo, aunque estés en otra ciudad del mundo), enfrente mía tengo a mi preciosa esposa Estefany que es "fan" de Starbucks (yo no lo soy, pero me gusta regalarla un café aquí de vez en cuando). A mi derecha tengo a varias personas sentadas en diferentes mesas, cada uno de ellos son de distintas nacionalidades, pero ninguno aparta la vista de sus ordenadores de última generación, ninguno está acompañado, todos están solos y concentrados, creo, porque sus caras así me lo dicen.

A mi izquierda tengo más de lo mismo, gente muy bien vestida, a lo moderno (Hipster), y con sus ordenadores. También veo a varias parejas hablando y pasando un buen rato, riéndose, hablando cosas de la vida. Me cuesta ver gente mayor, no veo ninguna cana hoy en el Starbucks. ¡Ah! Algo que es obvio pero que no os he dicho, es que todos tienen vasos de plástico sobresaliendo su pajita verde y llenos de sus cafés, tes, etc.

El ambiente mola, es acogedor, hay buena música y la decoración, la luz y el olor a café, me hacen sentir como en casa. Estoy sentado en una silla de madera, un poco incómoda, pero puedo soportarlo. También estoy un poco al acecho de unos sofás que tienen muy buena pinta, pero que están ocupados por una de las parejas, a ver si se mueven y ataco, pero no tiene pinta el día que vaya a poder sentarme en el sofá.

Quiero parar y hacer una reflexión, una mirada hacia la iglesia de España. ¿Qué tiene que ver Starbucks con los bares? Permíteme hablar contigo sobre este tema. En los últimos años nos hemos visto llamados a ser la iglesia "Starbucks" o franquicia, la iglesia que mola, la iglesia que solo la gente guay entraría, o la gente joven con un estilo determinado entraría y se sentiría a gusto. Donde la alabanza toma un papel fundamental por encima de la predicación. Posiblemente los músicos de la alabanza se podrían dedicar profesionalmente al mundo de la música. Una iglesia "franquicia" donde la palabra tiende a ser suave y donde el gran rugido de la palabra se puede convertir en bonito, pequeño y suave "miau" de un gatito con cara bonita. Un evangelio light para aumentar el club de fans. Donde la unidad de la iglesia se desarrolla en las redes sociales Facebook,

Twitter, Instagram, etc. Estas son algunas de las señales para identificar a una iglesia starbucks. 1) Hacer dinero como meta prioritaria. 2) Conseguir clientes en vez de creyentes. 3) Consolidar su marca como la mejor tachando a los demás de mediocres. Conversaciones en la salida de la iglesia sin profundidad y llenas de desconfianza. Tiempos de comer juntos en la iglesia se convierten en puro trámite. Nos hemos visto llamados a poner a Jesús en la puerta de la iglesia, pero no para saludar, si no para dejarle pasar si nos interesa, por si tenemos un problema, económico o de lo que sea. Pero ahí está nuestro AS en la manga, fuera de la iglesia. Yo no estoy mirando desde fuera de la iglesia, si no que miro desde dentro. Creo que la iglesia tiene un llamado específico y una serie de requisitos que cumplir. Sin dejar pasar lo importante que es la iglesia para Dios.

Los siguientes puntos deberían definir el carácter de una iglesia según mi opinión personal.

1 - Adoración verdadera a Dios.

2 - Llamados a predicar el evangelio.

3 - Hacer discípulos, enseñándolos con disciplina en la Palabra y su obediencia.

4 - Mandar esos discípulos a realizar los puntos 2 y 3, sin olvidarse del punto 1.

5 - Amar dentro y fuera de la iglesia.

6 – Iglesia que no para de ORAR, ORAR Y ORAR.

7 –Luchar por la justicia y la paz en la sociedad con los valores del Reino.

Siete puntos básicos que la iglesia debe estar haciendo. Vemos que todos dependen unos de otros.

¿Sabes por qué nunca un vagabundo entraría en una cafetería moderna? Porque es caro, porque destacaría en el mal sentido, porque le mirarían mal. En muchas iglesias puede que pasará lo mismo. No entran porque no les dejamos pasar, no están donde deben estar, los jueves o viernes en la obra social, pero que el domingo no se atrevan a venir. Es muy triste nuestro carácter poco acogedor.

Hay iglesias que han creado una cultura con una determinada forma de vestir, que se ha dejado influir por una corriente filosófica que no tiene nada que ver con la personalidad de Dios/Jesús/Espíritu Santo. Es una cultura en la que predomina la imagen y la buena música. Esto es atractivo pero se queda muy lejos de ser la iglesia que Dios quiere que seamos. La iglesia marcada por la sociedad, en vez de ser la sociedad la que está marcada por la iglesia. Reaccionamos a temas políticos con más elocuencia y con más carga, que al alcance de personas que se pierden una eternidad sin Jesús, capaces de contradecir la Biblia para no dañar la sensibilidad a la otra persona y así creernos que estamos predicando a Jesús. Queremos que vengan personas necesitadas de Jesús, pero por crear una marca, no van a venir, y si vienen, se irán. Porque en un tiempo lo efímero desaparece. No sé si me entiendes, no pueden vivir de leche, buena música y buenas experiencias. El significado de iglesia no está acorde con esta tendencia y porque las experiencias normalmente el ser humano, tiende a olvidarlas.

En Isaías 53 deja claro que la importancia es el mensaje y no la belleza de alrededor. En Jesús no había atractivo físico, para que no fuese deseado y para que el mensaje que el traía fuera lo principal. ¿Qué piensas de la iglesia de ahora? ¿Dónde está ese mensaje y dónde está lo atractivo?

Franquicia de los 80

La iglesia tiene que estar siempre en continua renovación y adaptación de los tiempos. Pero aunque parezca mentira, muchas iglesias se han quedado en los 80 y seguimos siendo la iglesia franquicia de los años 80. Pero está dentro de lo normal, la generación después de una dictadura fue quienes revolucionaron la iglesia, lanzándose a la calle a proclamar el evangelio. ¡Salían de una dictadura y persecución! Ellos básicamente reiniciaron la iglesia evangélica en España y pusieron los fundamentos del movimiento evangélico contemporáneo en España. Así que es normal el caso de muchas iglesias sigan estando como en los años de la post-dictadura.

Hace un tiempo tuve la oportunidad de ponerme en contacto con muchos líderes de alabanza para el montaje de un cancionero. En nuestra conversación solo les pedía una cosa, que me hicieran un top10 de las canciones más cantadas en su iglesia. Para mi sorpresa encontré que la mayoría de iglesias cantan las mismas canciones, las mismas canciones que yo cantaba cuando tenía 5 años. Y todavía hoy en día sigo escuchando las mismas canciones. No digo que sean en todas, ni unas cuantas…muchas.

Eso solo en el caso de la alabanza, pero en el caso de los predicadores seguimos pensando que los cuarenta minutos tienen que ser la norma y el tiempo a seguir. De ahí salen los predicadores loros, que no paran de repetir y repetir las mismas frases para poder rellenar. En fin, hay mucho que cambiar y todo esto es frecuente. Por eso las iglesias contemporáneas tienen que ser apoyadas por iglesias más veteranas. Porque el fin es el mismo, alcanzar a nuestra generación con el evangelio, aunque sea un modelo de culto que tu no harías, pero al fin y al cabo lleva el mismo mensaje de salvación. Ya que tu iglesia hace tiempo era una iglesia contemporánea.

Lutero desarrolló una iglesia más actual a su tiempo, nuestros abuelos hicieron lo mismo, nuestros padres hicieron lo mismo, nosotros tenemos que hacer lo mismo. Aprender y mejorar en cercanía a nuestra gente sin perder el carácter bíblico.

Las iglesias franquicia no solo son un logo bonito, o un pastor joven (ojalá se dé más en España, lo del pastor joven) Las iglesias donde los jóvenes no entran son las iglesias que no salen y no saben donde están los jóvenes. Jóvenes de 12 a 18. Que hay muchos que con 30 años se siguen considerando jóvenes. Igual que la metáfora del vagabundo no entrando a esa supuesta cafetería, si los jóvenes no están entrando en nuestras iglesias es porque no hemos dejado a nuestros jóvenes dar un paso más fuerte en la contemporaneidad de nuestros cultos, nuestra música, de nuestro arte, de modelos de equipos de bienvenida, de vestimenta del pastor, etc.

Hace poco leí una frase que decía Andy Stanley en su libro "Deep and Wide" "Nuestra base doctrinal es conservadora y nuestro acercamiento al ministerio no". (4) El ministerio debería estar enfocado de puertas para afuera y no de puertas para adentro. Una iglesia que entiende que los ministerios son enfocados en las generaciones que están afuera, será contemporánea, las otras me atrevo a decir que están condenadas a desaparecer.

Tenemos que hacer iglesia, ministerio donde las personas están. Tenemos que adaptarnos a los tiempos, tenemos que seguir en la roca, pero siendo más modernos y más españoles a la hora de hacer iglesia. Al fin y al cabo, nuestras casas las reformamos, pero la esencia familiar sigue siendo la misma. Se contemporáneo, se culturalmente relevante, moderno, pero no te olvides de que el mensaje de Jesús sea el centro.

Tenemos que volver al Verbo, a la Palabra, a Jesús

(4) Andy Stanley, Deep and Wide; Creating Churches Unchurched People Love to Attend Zondervan, 9 de febrero de 2016. Pág. 81

LA HORA DEL CAFÉ

CAPÍTULO 9
LA HORA DEL CAFÉ

Piensa en ese olor a café mañanero, recién hecho, que hueles desde la cama y te despierta con una sonrisa. Olor que te recuerda que es sábado o domingo, puedes disfrutar de ese café, solo, con leche, cortado, acompañado con una tostada, bollo, o incluso tortilla de patatas para los más atrevidos...

¡Gran soplo de energía que nos da el café cada día! O después de una buena comida familiar, después del gran banquete que te has metido para el cuerpo. Ese juego de cartas, o de mesa que acompañan a esos momentos, o mientras te tomas el café ves como otros familiares van sucumbiendo en el sofá de tu casa sin ningún tipo de vergüenza. Esos buenos momentos a la hora del café. ¿Y quién no cree lo bueno que es quedar para tomarse un café en el bar, con un amigo o unos amigos, leyendo el periódico, teniendo una conversación profunda o sólo para divertirse?, ¿a quién no le gusta un café que te calienta en invierno sentado con buenos amigos? Una oportunidad de disfrutar y sentarse para hablar. De entre mis mejores recuerdos guardo momentos inolvidables en los cuales me acompañaba un buen café, con su aroma, y unos buenos pastelitos para endulzar la tarde una mítica sobremesa con el café.

En mi formación para el matrimonio una gran amiga me recomendó un libro que se llamaba "Los cinco lenguajes del amor" de Gary Chapman. Totalmente recomendable por mi parte. En el libro descubrí lo importante que es el TIEMPO DE CALIDAD con mi mujer. A mi preciosa esposa Estefany le encanta pasar tiempo de calidad conmigo. Es un tiempo donde no hay tele, donde puede haber música, puede ser en la calle, en una cafetería, o en el salón de la casa, puede acompañaros una bebida, lo que sea. En realidad lo que hagamos o comamos no llega a ser importante, lo importante es que estamos demostrando interés en la otra persona, quiero escuchar cómo se siente, que piensa de muchas cosas, cuáles son sus temores, cuales son los lugares donde sueña estar alguna vez, etc. Es un tiempo donde nos sentamos a escuchar y también a ser escuchado y contar como te sientes.Ese es el tiempo de calidad, donde todo lo que rodea son solo acompañantes sin importancia.

Algo claro en la Biblia, es el amor hacia el prójimo, es decir, personas que ya puedes conocer de toda la vida, familia, amigos, desconocidos, una persona que no soportas. La Biblia reitera una y otra vez la necesidad de amar al otro. Este mensaje de amar se puede transmitir tan solo invitando a un amigo a tomar un café en el bar de la esquina pasando con él o con ella un tiempo de calidad.

Considero que el tiempo de calidad no surge de la nada. Hay que ser intencional. Por ejemplo antes de adentrarme en mi aventura de estudiar en Estados Unidos, mi agenda echaba humo por todos los lados. Todos nuestros amigos nos decían que con una despedida valía. Pero no quisimos solo una despedida general, que por cierto, nos iba a resultar muy cómodo realizar y sencillo de organizar. Para nada hicimos eso. Intentamos pasar tiempo a solas con muchas personas, pasar un tiempo de calidad, una cena, un desayuno, una comida, una merienda, un tiempo de café, un paseo por el centro de Madrid, lo que fuese, pero que fuese un tiempo de calidad íntimo.

No pudimos hacerlo con todos los que nos hubiera gustado, porque no teníamos tiempo para tantas personas que nos demostraron su amor y su cariño. Pero fue algo extraordinario de lo que no me voy arrepentir de haber hecho y que me gustaría repetir.

Aprendí a esforzarme para poder ver a esas personas. Muchos momentos me he sentido a cancelar la quedada con personas, porque estaba muy a gusto en mi casa o por simple vagancia de tener que coger el autobús. Sin ninguna duda, el esfuerzo de no cancelar las quedadas, se vieron recompensadas con unos momentos inolvidables.

Tengo un amigo que se llama Carlos (oro para que un día pueda conocer al Señor) que fue mi compañero de colegio desde preescolar hasta sexto de primaria. Coincidimos jugando varios años en el mismo equipo de fútbol, pero después de eso, no volvimos a tener comunicación ni nada. Hasta que un día me solicitó ser amigo por Facebook y nos volvimos a poner en contacto. Nos escribimos para ver si podíamos quedar antes de que me fuese a Estados Unidos, para tomar algo y saber de nuestras vidas. Cuando le vi, me alegré un montón, compartimos muchos recuerdos de cuando éramos pequeños. Fue un tiempo muy especial, volvimos a conectar, nos motivamos el uno al otro, nos conocimos más en profundidad y fue un tiempo de calidad.

Estos ejemplos de tiempo de calidad fueron organizados a través de una cita previa. Tuvimos que hacer el esfuerzo de movernos, de enviar mensajes para organizar la quedada, y decir en los mensajes que nos gustaría saber el uno del otro. Así íbamos preparados para conocernos más, sabíamos que íbamos a tener conversaciones de calidad. Y así fue.

La hora del café para el español es algo muy valioso. Hay varias horas punta para tomar café. La primera hora punta es la del desayuno, donde ves a todo el mundo con cara de recién levantado. En la barra del bar habrá los diez mil vasos y platitos preparados con bolsas de azúcar, listos para servir café a más personas de los que viven en la zona, escucharás la máquina de la leche que hace un ruido aterrador a los oídos, el sonido de fondo de las noticias. Verás a personas como yo que van a los bares a desayunar pan con tomate y aceite y su zumo de naranja recién exprimido. Esos desayunos que no valen más de tres euros.

Después del primer café mañanero está el café de la media mañana, café que no pude disfrutar hasta que entré en el seminario donde por costumbre después de capilla podíamos tomar el ansiado café. En el café de la media mañana habitualmente está la gente que tiene un descanso para fumar, que suele ser un cortado para muchos, por el tiempo tan escaso que hay de descanso. Es un tiempo de café limitado y tomado con prisa, que se disfruta, pero que deja conversaciones a medio empezar. A esa hora todo el mundo tiene prisa. Menos el camarero, porque su jornada acaba de empezar, y va un poco lento sirviendo.

La tercera hora punta para tomar café es después de comer, donde lo puedes disfrutar tranquilamente, y si tienes suerte lo acompañas de una siesta de diez minutos. Son cafés que en teoría pueden despertar a un elefante pero que suele dejar tieso (dormidos) a hombres en un abrir y cerrar de ojos. Es un café que te catapulta y que te avisa de que la jornada de trabajo está cerca de terminar.

Y está el café de la merienda, que pocas personas lo toman. Este tiempo de café en la merienda se hace más común cuando hace frío o cuando tienes que estudiar mucho, o cuando simplemente has quedado con un amigo para tomar un café y hablar por la tarde.

Hay que invertir en estos tiempos, que son donde las personas están abiertas a hablar relajada y honestamente. Son quedadas que tienen que ser organizadas o no, pero es una gran oportunidad para ser intencional. Son tiempos que tienen que ser de calidad, no por lo que dices muchas veces, si no por como escuchas y transmites a la otra persona qué es importante para ti. Es importante levantar tu mirada del móvil y escuchar al otro.

Me quedo con una frase que leí una vez "El bar en España es el foro, una institución muy arraigada en la cultura, que se identifica con la sociabilización y con un supuesto carácter alegre." (5) Y eso es el bar en España.

Algo que nos encanta a todos acerca de Jesús es que está siempre dispuesto a escucharnos cuando le dedicamos un tiempo de calidad, que puede ser improvisado, o puede ser premeditado. Pero él siempre está disponible, lo cual nos hace sentir ese amor verdadero, fiel e incondicional. El tiempo de calidad es el de la escucha verdadera hacia el otro. Exige pausa, mirar a los ojos, apagar el móvil, escuchar…

Listo para escuchar, lento para hablar Santiago 1:19

(5) Eva Millet, artículo Un País de Bares. www.Magazinedigital.com, 2016 ver link:
http://www.magazinedigital.com/historias/reportajes/un-pais-bares

CAPÍTULO 10
LA MESA COJA

Me sentía en una encrucijada, con un dilema de atacar o no, de empujar o no, de luchar por aquello que más quería en ese momento.

¡LA ÚLTIMA PATATA BRAVA CON ALIOLI!

En un momento de despiste en medio de la conversación, "¡ataco!" pensé en mi cabeza, pero había muchos otros oponentes que hacían que mi víctima peligrara. Mis dos hermanos, que no se si estaban pensando en lo mismo que yo, aunque seguramente que sí. Cuando me incliné un poco hacia la mesa para colocarme en posición de ataque con el palillo en la mano, mi hermano pequeño empujó un poco la mesa que se descolocó porque había desniveles en el suelo, y el plato le quedó más cerca a él, lo que me impidió que yo tuviera la última patata deseada. Con todo el dolor de mi corazón tuve que decir adiós a mi salado objetivo que se estaba desintegrando en la boca de mi hermanito.

La dichosa mesa coja, me arruinó el día.

Hay un eterno problema en España, y aquí lo voy a denunciar: hay muchas mesas que están cojas en los bares o simplemente están colocadas en las aceras con más agujeros del mundo. Deberíamos hacer sentarse a todos los dueños de los bares en las mesas que se ladean para que se enteren de lo incómodo que es comer en ellas. Es una injusticia para el español.

Una anécdota que siempre recordaré con una sonrisa en la cara, fue una vez que estábamos en una campaña evangelística en Baeza (Jaén). Recuerdo que en nuestros descansos solíamos ir a tapear por

JESÚS EN LOS BARES

los bares de la zona. Un día uno de los grupos terminó antes el trabajo de promoción de las actividades y se fueron a un bar. Nos invitaron a ir con ellos cuando terminásemos nuestro trabajo.

Una vez que todo el trabajo fue realizado, un grupo de unos 15 nos fuimos a tapear un poco antes de la comida en el bar donde nuestros amigos estaban. Pobres ingenuos que fuimos nosotros. Nos invitaron a un bar que era una peña MADRIDISTA, ¡dónde me había metido! Por cada rincón había banderas del Madrid, fotos con los jugadores, Raúl silenciando el Nou Camp, mucho morado y blanco por todos lados. Mis amigos madridistas me la jugaron ya que sabían que no me iba a gustar ni un pelo pasar un minuto allí dentro. Porque la verdad es que hay bares que mejor ni pisarlos. Como por ejemplo las peñas del Real Madrid (te recuerdo que soy fan del ATLETICO DE MADRID) bromas aparte.

He oído decir que los bares donde hay hipters, no me gustan, los bares que son caros, no me gustan, los bares que no están limpios, no me gustan, los bares que son peñas del Real Madrid, no me gustan, los bares que solo hay personas mayores, no me gustan, los bares donde a veces hay vagabundos, no me gustan, los bares donde no hay "Mahou", no me gustan, los bares que no dan tapa, no me gustan…etc.

Nos hemos vuelto un poco sibaritas en muchos sentidos, donde no esté la gente de mi calibre, yo allí no estaré. Aunque creo que viene un poco en nuestros genes españoles el ser quejica ¿Cómo puede afrontar un cristiano rico o no rico y que tiene posibilidades de ducharse y estar limpio, que Cristo fuese donde los leprosos? ¿No pensó Cristo que se podía contagiar de la lepra? ¿Cómo nos sentimos acerca de las enseñanzas de Cristo en las que se nos dice que cuidemos y atendamos a los necesitados, cuando no soportamos estar en un bar donde entre un vagabundo?

Son muchas las preguntas que nos pueden arrojar a confrontarnos con el ejemplo de Cristo, en una sociedad cristiana que no soporta los sitios que están llenos de pecadores, y donde nos podemos sentir como esa mesa que no está estable, que no está en una superficie perfecta para estar cómodos. Pero la realidad es que todos somos pecadores.

¿De dónde vienen los pensamientos de que tenemos que estar en los lugares donde haya gente de nuestro estilo de personalidad? ¿Cómo podemos pensar que un rockero solo puede alcanzar a rockeros? ¿Cómo podemos pensar que un hipster solo puede alcanzar hipsters? ¿Cómo podemos pensar que un rapero solo puede alcanzar raperos?.

Si sabemos que un judío pudo alcanzar samaritanos, si sabemos que un judío, alcanzó romanos, si sabemos que un cristiano alcanzó musulmanes, etc. ¿Cómo podemos aceptar este tipo de mentiras y las dejamos poner en nuestras mesas?

Estoy totalmente de acuerdo que puede ayudar que una persona que comparte gustos y modas, puede ayudar un poco, pero el mensaje es el mismo para todos. No hay un mensaje rockerizado, no hay un mensaje hipsterizado, eso es superficial y lo único que es importante es lo interior y que el mensaje de la cruz llegue a esas personas. Espero que entiendas que no tengo ningún problema con este tipo de culturas urbanas y de ministerios que se dedican a llevar el mensaje de Cristo a todas las culturas urbanas.

Pablo se hizo judío a los judíos y gentil a los gentiles. No tengo que ser rockero para alcanzar a los roqueros pero si adaptarme, conocerles y comunicar con relevancia el mensaje del evangelio, en su contexto y sin cambiarlo. Lo mismo que la iglesia española debería hacer. Tenemos una cultura eclesial que nos impide ser como los españoles de calle.

En mi vida me he encontrado con gente que no quiere ir a sitios donde hay tipos de personas que son totalmente opuestas, o que nos hemos tenido que ir de sitios porque un vagabundo entró en la tienda. Respeto totalmente si una persona no se siente cómoda de ir a sitios donde no le gustan, porque quiere estar a gusto.

No me imagino a Cristo estando contento y feliz por habitar en sitios donde el pecado era palpable. No me imagino a Cristo a gusto en lugares donde sabía que no era bien recibido.

La verdad, es que si me lo imagino amando a todas esas personas y teniendo el corazón roto por saber que aunque la presencia de Dios mismo esté a su lado, esas personas no cambiarán, y decidirán ir por otro lado. Ese amor que no es superficial, que no es artificial, que no es engañoso, que no es mentiroso, que no te da una sonrisa falsa. Ese amor que no le importaba donde estar, si no que le importaba estar donde hay que estar.

El cristiano tiene que andar en sitios donde no haya miradas que aprueben tu oración antes de comer, el cristiano tiene que andar en sitios donde se celebren cosas que están en contra de la palabra de Dios, el cristiano está llamado a alcanzar a personas que están en contra de todo lo que tenga que ver con Dios, el cristiano NO está llamado a alcanzar a otros cristianos. No está llamado a vivir una vida de comodidad, está llamado a vivir una vida de santidad. No estamos llamados a sufrir siempre, pero no estamos llamados a ser felices con todo. No estamos llamados a un CARPE DIEM siempre. No estamos llamados a decir Sí siempre, ni a decir NO, siempre. No estamos llamados a criticar por la espalda, pero sí estamos llamados a corregir al hermano y dar nuestra opinión con la Biblia como fuente. No estamos llamados a tener que colocarnos en aceras donde estemos seguros.

Estamos llamados a estar donde nos sintamos intimidados, observados, incómodos, rechazados, por llevar el mensaje de Cristo.

No perdamos la perspectiva que llevamos como legado, mandato, no perdamos la visión que Cristo nos ha dado. Alcanzar a lo que creemos inalcanzable. Hay que entrar en los bares donde no nos guste estar y predicar.

¿Nos tomamos otra?

CAPÍTULO 11
LA PENÚLTIMA

Un buen frecuentador de bares sabe perfectamente que la última ronda de cerveza, en realidad siempre será la penúltima. Cuando me junto con mi familia o amigos en un bar, lo de la última sonando a penúltima es lo normal. Y el llegar un poco tarde a la reserva de una mesa no importa la hora, tanto si estás pasando un buen tiempo con tu familia o con amigos.

El tiempo es un enemigo del ser humano que nos limita, nos ordena, nos empuja, nos presiona, nos responsabiliza...No está bien llegar tarde me decían mi madre y mi padre cuando aun no era consciente de que el tiempo pasa deprisa, y perdemos ese punto de disfrute del tiempo con personas. Nada más preocupante para mi futuro, es pensar siempre en el futuro. Me explico. No me paro a pensar en el momento para disfrutarlo con aquella persona o personas que están alrededor mía, compartiendo un momento. Leer el pasaje de María y Marta ante Jesús y sus discípulos, me recuerda lo importante que es decir de vez en cuando la penúltima. Si no sabes de lo que estoy hablando te recomiendo que leas Lucas 10: 38 a 42.

3 8 Mientras iba de camino con sus discípulos, Jesús entró en una aldea, y una mujer llamada Marta lo recibió en su casa. 39 Tenía ella una hermana llamada María que, sentada a los pies del Señor, escuchaba lo que él decía. 40 Marta, por su parte, se sentía abrumada porque tenía mucho que hacer.

Así que se acercó a él y le dijo: —Señor, ¿no te importa que mi hermana me haya dejado sirviendo sola? ¡Dile que me ayude! 41 —Marta, Marta —le contestó Jesús—, estás inquieta y preocupada por muchas cosas, 42 pero sólo una es necesaria.

María ha escogido la mejor, y nadie se la quitará.

No hay pasaje que mejor refleje la vida de muchos pastores y líderes de ministerio en la posición de Marta. Presionados por las muchas actividades que se han colado en la iglesia y saturados, hasta el punto de perder la perspectiva. Sí, ya sé que este pasaje te lo han predicado mil veces, que lo has predicado tu unas cuantas veces, que lo has leído y que lo tienes subrayado en tu Biblia. Bien, muy bien. De verdad que me alegra que este pasaje muchas veces esté siendo predicado en las iglesias. ¿Cuántas Martas hay en el mundo cristiano? ¡Somos muchos!

¿Qué relación tiene este tema con lo de la penúltima? Un día recuerdo estar con mis hermanos en un bar, en Leganés. Solemos reunirnos los domingos para comer juntos, y normalmente nos tomamos el aperitivo antes de comer, como buenos españoles. Acabábamos de llegar de la iglesia mis padres, mis hermanos y yo. Mis otros hermanos ya nos estaban esperando en el bar, (Somos siete en la familia, mis padres, cuatro hermanos y una hermana.) llegamos al bar como a eso de la una del medio día, donde cualquier bar de España está lleno hasta la cocina. Nos lo estábamos pasando muy bien, no parábamos de hablar, de reírnos, de disfrutar de la comida, de saludar a los amigos del barrio. Vamos un éxito rotundo, hasta que nos dieron las dos del medio día y mi madre ya casi nos estaba llamando por la ventana, porque la comida ya estaba preparada.

Mi padre como buen marido, nos dijo, venga la última, que tenemos la comida en casa. Ya se nos cortaba la fiesta y el pasarlo bien juntos. Pero todos sabemos que la última sonó a penúltima. Llamamos a mi madre para que viniera y disfrutara junto con nosotros ese momento. Y así lo hizo. La última bien fue la antepenúltima.

Lo importante no era lo que estábamos bebiendo ni lo que nos esperaba en casa, lo importante no era la música que sonaba, en mi casa tendría mejor música en el ordenador. Lo importante era que teníamos un buen ambiente, donde estábamos disfrutando de pasar tiempo juntos, donde estábamos el uno con el otro. Donde nuestras cabezas no estaban en el futuro, sino en el presente. Centrados los unos en los otros, sin querer romper ese momento.

Cuando estamos en un bar con una persona, lo importante es la persona, lo importante es no pensar en el futuro. Nos hemos encargado nosotros mismos de criticar la impuntualidad, que algunas es inexcusable, pero si estás en un bar con un amigo, hablando, compartiendo, que no te preocupe llegar tarde a comer a casa, llama para avisar de que vas a llegar tarde a una reunión si no es de carácter muy importante. Jesús nos enseña responsabilidad, lo sé, pero me refiero más a la conversación, si estás predicando el evangelio, eso es superior que a un tiempo determinado. Si supone un problema, te recomiendo que pienses bien un reparto de tu tiempo para estar con los de afuera y salir del activismo eclesiástico. Lo importante son las personas con las que estás compartiendo ese momento. No podemos pensar en el futuro cuando tenemos un presente que realizar. El desprecio hacia una persona con la que estás pasando ese momento es cuando te preocupas más del tiempo que de aprovechar el tiempo con un amigo, o la conversación...pero ten cuidado con los ladrones de tiempo, que de esos también hay muchos.

Si algo nos enseña el pasaje de la Biblia, es que es más importante estar con Jesús y centrarnos en Él, que en las miles de cosas que hay que hacer. ¡Qué gran valor le estaba brindando María al estar sentada y escuchando a Jesús! La penúltima se relaciona perfectamente con este pasaje. No es más que una frase que te hace saber que quieres pasar más tiempo con esa persona.

Hoy en día es muy difícil luchar contra el tiempo. Es muy difícil apartar momentos para las personas, es muy difícil hacer un break y centrarse en las persona. El mundo se centra en lo material, en lo que uno tiene y quiere poseer, y que es lo que quiere desarrollar. Es muy importante parar el tiempo en nuestras mentes cuando una conversación sobre Jesús esté sucediendo en nuestra mesa con nuestros amigos. Ese es el momento clave que no puedes estar pensando en el futuro, no puedes estar pensando en que tu madre te llamará la atención por llegar tarde, o que llegas tarde al ensayo de la alabanza y tienes miedo a que te regañe el líder de alabanza. Creo que si les explicas lo que sucedió en esa mesa antes del ensayo, seguramente no te digan nada, y si te lo dicen, que espero que no sea así, tendrían que evaluar de nuevo cual es el llamado más importante de su vida. Estoy poniendo por encima la predicación del evangelio en la mesa del bar, en el parque, en cualquier lugar donde estés, que cualquier evento de evangelización que suceda en nuestras iglesias.

Lo importante no son los eventos o las actividades, sino pedir la penúltima en un bar y hablar de Jesús con nuestros amigos.

No está mal pedir la penúltima si estás dándole la gloria a Dios predicando el evangelio en ese bar. Pero también entiende que tienes que tener un equilibrio y controlar tu agenda para no llenarte de actividades y dejar de lado tu relación con los seres humanos.

¡Ponme otra!

CAPÍTULO 12
¡PAGO YO!

Mola mucho cuando vas con personas generosas a un bar. Y por lo menos a mí también me encanta invitar a mis amigos y familiares. Luchar a muerte por poder pagar la cuenta se convierte muchas veces en el problema del día.

Yo siempre que puedo invito a mis colegas. Y no espero nada a cambio, lo hago por amor, y me sacrifico pagando por ellos, porque sé que ellos pagarían, pero es un gasto, y si no pagan sé que es una alegría para ellos que alguien haya pagado.

¿Debe ser el cristiano agarrado? ¿Debe el cristiano estar obsesionado con el control del dinero?

Muchas veces he sido ese tipo de persona que no quiere salir para ahorrar dinero. Que no quiere invitar a nadie y que se obsesiona con el control absoluto del dinero. ¡Qué mal esa época donde mi mente estaba obsesionada en el control del gasto! Aunque también quede claro que estoy de acuerdo con que no debemos despilfarrar nuestro dinero.

"El tema del dinero es un tema muy delicado", eso es lo que siempre he escuchado en España. Es un tema que hasta te pueden criticar por tener más que las personas que te rodean. Esa crítica que no construye sino que destruye. Cuidado con esos tipos de comentarios sobre el dinero de los demás. Si en su trabajo le pagan más, alégrate por él. Dios le ha bendecido. He visto a Dios obrar en mi vida muchas veces, y donde más ha sido en lo económico. Meses en los que no podíamos ni llenar la nevera de comida, y nuestra cuenta estaba en negativo, donde las discusiones por el tema del dinero se incrementaban, donde perdíamos la perspectiva del Dios que nos cuida.

Debemos aplicar nuestra fe en Dios cuando los números no cuadran. Si algo aprendí de todos estos malos momentos, es que Dios siempre provee, cuando mi mirada se centraba en Él y no en el dinero, todo cambiaba radicalmente. Como si una tormenta que me está ahogando se calmase de repente, y no me quedaba otra que ponerme de rodillas y darle la gloria, una vez más.

Sin ninguna duda la fe en Dios para encontrar su ayuda en lo económico es la clave. Dios siempre provee a su momento.

Volviendo al bar…la mítica estrategia de decir que vas al baño, y cuando vuelves ya nos podemos ir, porque ya está todo pagado. ¿Quién no lo ha hecho? Al ser humano le cuesta dar las gracias muchas veces porque alguien pagó la comida por ellos. A mí me cuesta muchas veces, y creo que me seguirá costando dar las gracias. Tal vez será el orgullo lo que hace que me cueste tanto, no lo sé. Pero es algo muy bonito, que nos puede recordar que ya alguien pagó por nosotros.

Podríamos aprovechar el pagar por los demás y cuando ellos nos vengan y nos den las gracias, hablarles de Jesús, hablarles que aunque ellos no te hayan visto pagar, todo está pagado. Que ni el camarero se acercará a pedirte que le pagues.

Existe una similitud entre pagar la comida con el pago de nuestros pecados. Una deuda pagada en silencio, que les da alegría porque ellos no tienen que pagar, aunque claro está que alguien se lo ha tenido que decir. Alguien ha tenido que hacerles conscientes de que ya no tienen deuda. El ser humano necesita saber que alguien ya pagó por todos sus espaldarazos a Dios. Cuando salgan, de éste Bar llamado planeta tierra no tendrán deuda que pagar, no tendrán a un guardia esperándoles en la puerta reclamándoles la factura de la vida, porque ya Jesús pagó por ellos. Para eso tendrán que aceptar y creer que Jesús pagó la cuenta de su vida. Es por fe, como cuando dice un amigo que ya ha pagado cuando fue al baño, le tienes que creer e irte con la fe puesta de que de verdad pagó la cuenta. Y te vas con gusto.

Ese pagar por las consumiciones para nuestros amigos, nos tiene que hacer recordar el mayor pago que ha existido. Cuando te pelees por pagar la cuenta con un amigo o familiar, puedas recordarle que Jesús pagó toda nuestra deuda de pecado con su sangre, y que cuando salgamos de esta vida, si hemos aceptado su pago, no habrá nadie que nos pueda condenar, porque en el ticket pone que pagó Jesús, y que está firmado con su sangre.

Ese es el mejor ticket que nunca podríamos haber tenido. Recuerda que nunca puedes salir de un bar sin pagar. Es igual que en la misma vida. Necesitamos que alguien pague por nuestra consumición, porque nosotros no podemos pagar por nosotros mismos o hacer un "SINPA". Las consecuencias de no pagar es ir a la cárcel y tener una deuda más. Tú decides quién quieres que pague por ti, recuerda que tienes el platito con tu ticket en la mesa, ahora te toca decidir si dejas que paguen o te vas sin pagar aceptando las consecuencias. La predicación de Jesús en un bar no es fácil, no es divertida a veces, e incluso a algunos les puede parecer de mal gusto, pero ante los ojos de Jesús, es agradable, es precioso, es valiente, es recordar el mayor pago que una persona puede recibir.

Ojalá muchos de los que están en este Bar llamado planeta tierra, dejen que Jesús les pague su cuenta.

Amén.

Ya está pagado.

AGRADECIMIENTOS:

Doy gracias a Dios por ponerme cerca a personas como mi preciosa esposa Estefany Sánchez, mis padres Jose Manuel y Paquita. Y también Abraham y Alba, Israel, Jose M., Lidia Ángel Corros, Sara Ortega, José Pablo Sánchez, Jane Blake, Juan Blake, Alicia Blake, José Luis Briones, Emmanuel Buch, Miguel Ángel Pozo, Daniel Perera, Jeremy Koleba, Josh Francis, James Frolicht, David Delgado, Sara Rivas, Luis Mancilla, Dan Martin y a todo el equipo de DECISIÓN, sois personas que han influido en mi vida espiritual de gran manera. A Miguel Borham por su arte plasmado en el libro y Ramón Estrada en su revisión. ¡GRACIAS!

Bibliografía

Aldrich, Joseph C. Life-Style Evangelismo [Evangelismo mediante el estilo de vida]. Multnomah, Portland. OR. 1981.

Coca-Cola. Estudio Vínculo entre los ciudadanos y el bar. 2013. Ver link para más información, https://www.abc.es/sociedad/20130521/abci-habitantes-201305211530.html

Coca-Cola. La mayoría de los españoles identifican el ocio ideal con ir "al bar de siempre" con amigos. Ver link para más información, https://www.cocacolaespana.es/historias/ ocio-ideal-ir-bar-de-siempre-con-amigos

Health at a Glance. OECD Indicators 2013. Ver link para más información. https://cdn.20m.es/adj/2013/11/24/2517. pdf?v=20131124152721

Millet, Eva. Artículo Un País de Bares. www.Magazinedigital.com, 2016 ver link para más información, http://www. magazinedigital.com/historias/reportajes/un-pais-bares

Raquel Rodríguez Martín. ¿Por qué nos gusta tanto ir de bares a los españoles? Ver link para más información, https:// www.cocacolaespana.es/historias/por-que-nos-gustan-tantoir-de-bares-a-los-espanoles#.V766UDUpqSo

Rosa Montero. El Bar de la Esquina. Artículo del periódico El País Semanal. 17 de Junio 2018. Ver link para más información, https://elpais.com/elpais/2018/06/11/ eps/1528738869_875555.html

Stanley, Andy. Deep and Wide; Creating Churches Unchurched People Love to Attend. Grand Rapids:Zondervan, 9 de Febrero de 2016.

Strobel, Lee. Inside the mind of unchurched Harry and Mary [Cómo piensan los incrédulos que tanto quiero]. Vida Publishers. United States. 2006.

JESÚS EN LOS BARES

Made in United States
North Haven, CT
18 May 2023

36732715R00075